별 처럼 눕다

| 시인의 말 |

길을 묻다

해마다 대륙을 넘나들거나
놀라운 시력으로 공중을 나는 새들
음향 따라 길을 나아가거나
후각의 예민함을 지닌 짐승들과 달리
단지 맨몸으로 주위를 짐작하는
가녀린 태중의 아이처럼

화창한 5월 아침에 증발하듯
의지하던 외아들 빼앗겨버리고
때도 없이 떨구는 눈물
참혹의 끄트머리에서

하늘의 말씀과 기도에
오롯이 의지해서
자나 깨나 오마조마
나아갈 길 더듬어
묻고 또 반문하며

                      2024년 야행夜行 속에서
                          송강 송태한

/ 차례 /

제1부 별처럼 눕다

밤바다 / 10

마지막 명찰 / 11

별처럼 눕다 / 12

분리수거 / 13

이슬방울처럼 / 14

백년초 / 15

수련睡蓮·1 / 16

수련睡蓮·2 / 17

억새밭 / 18

허수아비 / 19

곶감 / 20

바늘처럼 / 21

문손잡이·1 / 22

문손잡이·2 / 23

잠의 해석·1 / 24

잠의 해석·2 / 25

그림자 2024 / 26

노을·1 / 28

노을·2 / 29

용인 공원에서 / 30

제2부 시간의 꼬리

클리프 행어 / 34

마음의 그래프 / 35

시와 돌멩이 / 36

튤립 / 37

밥 한 그릇 / 38

마음의 눈썹 / 39

시간의 꼬리 · 1 / 40

시간의 꼬리 · 2 / 41

황태 · 1 / 44

황태 · 2 / 45

석양 일기 / 46

폭포 · 2 / 47

풍경風磬 / 48

UFO / 49

탈춤의 시간 · 1 / 50

탈춤의 시간 · 2 / 51

거미 · 1 / 52

거미 · 2 / 53

트로트 · 1 / 54

트로트 · 2 / 55

/ 차례 /

제3부   시소의 자유

거울 면傳 / 58

반딧불이 / 59

갯벌 / 60

시소의 자유 / 61

참새의 식탁 / 62

참새의 언어 / 63

세상의 책장 / 64

관심법 / 65

약비 / 66

꽃병 / 67

달력 / 68

충전 중 / 69

시간의 모서리 / 70

거북목 / 71

기차는 떠나가네 / 72

꼬리 / 73

트루먼쇼 / 74

모기 연대기 / 75

숲속의 발걸음 / 76

횡단보도 / 77

제4부 반 고흐에게

시간의 잔등 / 80

로즈마리 / 81

냇물은 · 1 / 82

냇물은 · 2 / 83

반 고흐에게 / 84

모딜리아니 / 86

마크 로스코 / 88

작은 간증 / 89

비행기의 꿈 / 90

작약 / 91

꽃반지 · 1 / 92

꽃반지 · 2 / 93

천문허브공원에서 / 94

소주 한 잔 / 95

소한小寒 엽서 / 96

왕십리역에서 / 97

하루의 인상印象 / 98

이사를 하며 / 100

숨은 신神 / 101

내 시집을 말한다
- 송강 송태한 시집 『우레를 찾다』 / 104

제1부
별처럼 눕다

「밀레니얼 러버스」 20호 Acrylic on canvas 송강 作

밤바다

저만치 어둠 속에서
누군가 울먹이고 있구나

넋 나간 사람처럼
물방울 드레스 끄집어내어
펼쳤다 뒤집기를 반복하며

짙푸른 종이 위에
넋두리 같은 낙서 썼다가 구겨
재차 거품 속으로 던져 가며

너울만한 그리움에 밤새
자리에서 엎치락뒤치락
앉았다 드러눕기 거듭하며

마지막 명찰

한 달 여 기다리던
너의 검정 명찰
받아 걸어주니 반갑고
고맙기 그지없는데 웬일인지
작은 명찰 앞에 눈물 헤퍼지네

돌아올 수 없는 나라
면회조차 허락되지 않는 세계에
입학해서 등록한 정식 증거라니, 그래도
아들의 명찰이 가장 어여쁘네
아기 살갗처럼 빛살 눈새립네

반짝이는 네 이름자 위로
어른거리는 성령의 위용
대천사 미카엘, 스쳐가는
성당 유리창 위 스테인드글라스의
한 마리 하얀 새처럼

아버지 어머니의 외아들로
그 이름으로 함께한 36년 시간
오로지 기쁨과 감사함 그뿐이구나
너의 존재감에 빛났던 짧은 꿈
가슴에 붉은 별 하나 품은 듯하다

별처럼 눕다

눈가에 저렁거리는 그리움인가
가슴속 나풀대는 이름자든가

아득한 하늘 여울 따라
밤새 이는 바람 속 떠돌다

색색의 짙은 눈망울로
맺힌 이슬처럼 눈물 번지다가

게슴츠레 속눈썹 한 겹
어둠 머금은 사구 곁에 내리깔고

부신 먼동에 몸 뒤척이며
새벽잠에 모로 돌아눕는 그대여

분리수거

고속도로 휴게소에 들려 겸사겸사
차내 쓰레기 처리하듯 어수선한
나의 감정 떨쳐 낼 수 있다면

우울은 묶음으로 때마다 접거나
찢은 뒤에 종이류에 담고

슬픔은 빛살 반짝일 때마다 쇼핑백에
넣어 플라스틱 페트병류에

속눈썹 타고 떨어지는 눈물은 입가로
모아 삼킨 뒤 잔반 쟁반에 얹고

아픈 봄날의 기억은 동영상 시간대별로
USB에 담아 자잘한 조각으로 삭제하고

가슴속 굴러다니는 소리 요란한
분노와 억울함은 캔과 고철류에

공황장애 같은 답답함은 수돗물에
적신 뒤 눈송이처럼 뭉쳐서
휙휙 일반쓰레기통에 내던지고 싶다

이슬방울처럼

풀잎 오선지 위
그렁그렁 목이 메인
한 소절 초록 악보
눈물 떨어져 번진
세상 저 밑동까지
기도처럼 빛살 영롱한
노래 전할 수 있을까

잎새에 엉긴 시간처럼
그리운 몸짓 어디 있을까
볼과 입술 부비며
한 방울 새벽 별빛 머금은
생애의 짧은 포옹
눈멀도록 시린 이름 하나
풀숲 가득 품을 수 있을까

백년초

가시 돋은 맨몸
끌어안고 돌볼 수 있다면

그리움처럼 송알송알
붉은 열매 얹고 산다면

꽃잎 노란 향기로
날개 치며 오를 수 있다면

깨알 같은 속마음
넉넉히 새겨둘 수 있다면

한 생애를 영영
너의 이름으로 기억한다면

수련睡蓮*·1

유영하는 한 무리 물새처럼
키 작은 생애 물 위에 드러내고

물 밑으로 맨발 저으며
탁한 생의 물길 건너왔어라

달그림자처럼 뺨에 스치는
닿을 듯 말 듯 바람의 속살

붉은 햇발 가슴을 달구거나
이성이 닻처럼 찬물에 가라앉거나

누운 부처의 눈빛으로
한쪽은 이승의 가장저리 둘러보고

끔벅거리는 다른 눈으로
발치의 하루 헤아리는 듯

수련睡蓮* · 2

습지에서 태어나
땅과 하늘의 틈새
어디에도 속하지 않으며

물속으로 빠져들거나
바람에 휩쓸리지 않고
진흙 티 하나 묻히지 않은

제 삶의 무게
희노애락 또한 저만치
명상하듯 힘 뺀 체로

물 흐르듯 여여하게
눈꺼풀 같은 꽃잎들
해 나오면 뜨고 흐리면 눈감고

---

* 수련: 연꽃과 함께 수련과 여러해살이 풀. 한자로 睡蓮이라고 쓰며 '잠을 자는 연꽃'이라는 뜻. 수련은 한낮이어도 흐리면 펼친 꽃을 닫는다.

억새밭

그대 처음 만난 순간
간간이 다가오는 여타 기념일도
이젠 손꼽지 않겠습니다
손 안에 맴도는 문자 메시지
문득 겹치는 인파 속 모습에도
눈 딱 감기로 했구요
불 밝힌 카페의 선율
비 개인 호수의 해거름
깔깔대던 웃음소리까지
하나씩 뇌리에서 지우겠습니다
가슴 먹먹한 이름 석 자로
더 이상 울먹이지 않고
마지막 손길마저 꾹 견딜 수 있건만
나도 몰래 꿈결에 찾아드는
억새밭 사잇길의 첫 키스는
바람 눕는 가슴 속 뒤란에
와인처럼 입 막고 쟁여두겠습니다

허수아비

비바람 가시그물에
옷이 긁히어 해져 날려도
팔 벌려 숨김없이
내 마음 죄다 내어주기

외발뿐인 발꿈치로 홀로 서서
별이 뜨고 해가 져도
혹여 쓰러지지 않기
한걸음도 섣불리 물러서지 말기
초록 벼이삭 금싸래기로 누울 때까지
깡통풍경 연주하기

지푸라기뿐인 속 살점
땡볕에 터져 나오고
각목 등뼈가 삭아 갈라져도 왼종일
네가 머무는 궁전 한 곳만 바라보며
칼 찬 장군처럼 지키고 서 있기
가을볕에 여윈 그림자
오직 그리움 하나 붙잡고
마른 십자가로 남을 때까지

곶감

마음의 껍데기
훌훌 벗어버리고
심장 속 진심을 고백하든지
서역의 어느 수도승처럼
제 가진 것 일체 내려놓고
알몸으로 수행 길 나선다면

맨 처음 햇살 앞에
주름진 허물 같은 번뇌
먼지로 툭툭 털어낼 수 있을까
겨울나무 가지처럼
뼈만 앙상한 통증
똑똑 분지를 수 있을까

한 치의 추억과 명분마저
불티처럼 스러져 가는
인연의 모서리
눈물 송송 맺힌
윤회의 외줄 끝에 매달려
곶감처럼 향긋한 넋 하나
알몸으로 눈뜰 수 있을까

바늘처럼

길을 걷다가
가야할 곳 잊은 채
다른 길로 접어 들었다

다시 돌아가야 하는데
낯선 길을 꿈꾸듯
헤매고 있는 나의 기억

어디로 가고 있는가 지금
가족이 기다리는 곳은 어디인가
보란듯이 어서 돌아가야 하는데

수중의 물건처럼 잃어버린채
엇나간 시간의 간격을 끌어안고
바늘로 잇는 길은 어디인가

문손잡이 · 1

돌쩌귀 닳도록 넘나들던
문지방에 홀로 남아

심장 뛰던 그리움과 가슴 저린
작별의 틈새에 박혀

불거진 멍울 같은 문손잡이는
고집처럼 기억을 움켜쥐고 있네

문손잡이 · 2

초침처럼 움직이는 도로 끝
가쁜 호흡으로 찾아 올라간
너의 옥탑 자취방 문
손잡이를 문득 잡았을 때
무언가 단단하고 울컥한
뼈대와 혈관 같은 너의
분신이 손 안에 만져졌네

홀로 떠난 아들의 빈방
남은 거라고는 손때 묻은
컴퓨터 모니터와 게임 피규어
두어 꾸러미 캠핑 장비뿐
육신은 인사도 없이 하늘로 올라갔지만
유언처럼 남겨진 표정들
손에 익은 문손잡이에 새겨있네

잠의 해석 · 1

차렵이불 들추니
한 평 반 조각구름
밀랍처럼 녹아드는 곤한 하루
비좁은 눈꺼풀 차양 아래
촘촘히 모여든 졸음
정박한 어둠 타고
속옷 차림으로 출항하는
긴박한 여정
코앞 휘황한 세상
허둥지둥 하루살이
저만치 버려두고
땅과 하늘 굽이 질러
좌충우돌 돈키호테처럼
장난감 상자처럼 뒤죽박죽
내가 아닌 나와 더불어 떠나는
겁 없는 하룻밤

잠의 해석 · 2

가상현실처럼 난데없이
끊겨 버린 아들과의 인연을
애태워하며 줄곧 기다리다가
어느날 길게 꾼 아들의 꿈

반가운 얼굴, 잃어버린 36년
짧지 않은 세월을 함께 걸어가듯
꿈속 만남이지만 밝고 다정한
너의 존재가 남긴 선물

눈 뜨고 다시 혼자서 돌아왔지만
그 꿈은 나의 마음을 어루만지네
이역만리 어디에 있든 아들은
나와 함께함을 이제사 느끼게 되었네

너와의 기억이 아직도
별처럼 빛나고 있음을 느끼며
이밤도 너를 다시 만날 설렘으로
젖은 눈 감고 잠의 세상으로 들어선다

그림자 2024

신이 인간을 빚으실 때
그 형상 닮도록 했다던가
빼닮은 겉모양으로
무심히 동행할 뿐
한순간 기억처럼 도무지
붙잡을 수 없는 너

감정에 흔들림 없이
의도와 무관하게
밤낮으로 외양 바꾸며
시간의 강을 타고
허공을 오가는데

존재하되 존재 않는 자
한몸이되 한편이 아닌 듯
동거동락 하다 말고
시간과 빛이 쇠함으로 홀연
무심히 돌아서며

〉
작별인사 눈빛조차
포옹마저 외면한 채
원래의 곳으로 되돌아가듯
중력을 거슬러 정막 속으로
찰라에 사위는 그대는 누구신가

노을 · 1

텅 빈 해변에
망사 옷자락 질질 끌다

발개진 눈물 자국
갯벌에 뚝뚝 흘리다

터질 듯한 붉은 울음에
눈 감고 코 막고 기어이
바닷물 깊이 온몸 던지다

노을 · 2

꽃숭어리 붉게 번지듯
그대 어찌 바닷가 찾는지
언덕에 퍼질러 앉아
어슬녘 누굴 기다리는지

바람은 모래 발자국 너머
파도를 끌고 오는데
추억은 썰물처럼 스멀스멀
낮은 눈가로 고여 드는데

커튼 같은 그리움
서녘에 한 장 드리우고
대체 무슨 요량으로 뉘엿뉘엿
때마다 등줄기 물들이는지

용인 공원에서

활시위 떠나간
그날의 순간을 되감아
잇몸으로 곱씹고 있네

시간의 화살이 붕붕
낯선 능선 너머 맴돌다가
문풍지처럼 가슴을 찢네

핏줄의 인연 저버릴 수 없어
땅거미 다가와도 수문장처럼
아들 곁에 내처 머물고 싶건만

국화 한 다발 꽃잎 흘리며
꿈결이라도 바람처럼
기억 속을 서성이고 싶네

제2부
시간의 꼬리

「한옥과 리우의 예수상」 30호 Acrylic on canvas 송강 作

클리프 행어

천장이 가늘고 긴 커튼 봉을
힘겹게 붙들고 있다

방전된 배터리처럼 얼마 전부터
버틸 근력이 소진되어

아차, 하더니 급기야
왼쪽 손 먼저 그만 놓쳐버렸다

달랑달랑 한쪽 팔로 버티는 봉
그에겐 주렁주렁 부양가족이 딸려있다

어깨에 매달린 두 겹의 커튼
힘줄 선 나사못이 샛바람에 필사적이다

마음의 그래프

새의 날갯짓처럼
당신이 찾아드는 소리

나의 거처 그 높이를 찾아
줄기와 잎사귀 같은 건물의
계단과 출입문 하나둘 헤치며
올라서는 숨소리

예사로이 사랑한다든지
그리움에 눈물난다든지
정작 내 앞에선 허투루
아무 말 못하지만

표정의 행간에서
안도의 입꼬리에서
음표처럼 악보 오르내리며
호흡 고르는 소리

당신의 발걸음은 오늘도
비쭉배쭉 그래프 그리며
내 가슴 한편 오르내린다

시와 돌멩이

물가의 조약돌 주워
한맘으로 탑 세우듯
손끝에 시를 부릴 수 있을까
잠방잠방
강물 속에 조약돌 던지듯
그렇게 시를 잊을 수 있을까
바위 껍데기 같은
경직되고 꼿꼿한 생각
유리 조각처럼 부술 수 있을까
제목 목차 토씨까지
내용물 하나하나
산산이 허물고 마침내
다시 쌓을 수 있을까

튤립

뜨락의 왕관 같은
너를 경배하는 아침

경전의 깨알만한 글귀 찾아내듯
알아채는 데 강산이 변했네

토씨 하나 꾸밈없는
동심의 단문短文처럼
색종이 접듯 펼쳐놓은
절대의 성역

오늘부터 너는 복음처럼
내게 은밀한 말씀의 신탁이다

밥 한 그릇

어릴 적엔 밥 한 그릇
박박 긁어 비우고도
입이 아쉽고
배가 허전하여 숭늉까지
한 그릇 더 벌컥 삼켰건만

반백 년 삼시세끼 떠먹다 보니
작은 공기 밥만으로도 어느덧
충분하고 넘치는 축복임을
며칠 전 밥상머리 앞에서
뒤늦게 눈뜨게 되었네

하루하루 배 곯지 않고
수저에 떠서 넘긴
한 끼 다순 밥이 그간
내 생애 받은 것
넘치고 과하다며 눈물 같은
국물 흘리며 떠먹여 주네

마음의 눈썹

마음은
그녀의 속눈썹처럼

예상치 못한 표정
상상 그 이상의 빛살들

동그란 눈뜨고 살포시
품안에서 들여다볼수록

깊이의 틈새에서 눈뜬
수천 년 겹쳐진 시간

만년설 빙하의 트레바스
숨겨진 자수정 동굴 같은

무슨 연유인가, 오늘은 당혹스레
불어난 폭포처럼 눈물에 젖었구나

시간의 꼬리 · 1

목줄 풀고 급기야
오전이 달아났다
사방을 둘러보아도
벗겨진 햇살의 각질만이
바닥으로 바싹 혀를 내밀며
골목을 걸핏 몰려다닌다

어느 틈에 담장 넘거나
뒷걸음치며 슬그머니 뒤란으로 숨는 것
혹은 저만치 풍선처럼 허공으로 날아가는 것
새집 앞 빈터엔 파충류처럼
오후가 그림자 숨기고 엎드려있다

무심한 시간의 섭리
지구별의 억센 완력에
외바늘로 돌아가는 해시계 그림자
저녁마다 대문밖엔 주술처럼
촛불에 향 피우고 방울소리
잘랑거리며 하루가 꼬리 감춘다

시간의 꼬리 · 2
−아들에게*

어제의 꼬리라도 붙잡으면
시간을 당길 수 있을까
시계 바늘 막고 되돌리면
쏟아지는 나의 눈물 그만 멈추고
함께 단란했던 가족 곁으로
네가 다시 돌아올 수 있을까

그날의 아침으로 깨어나면
너와 함께 동행할 수 있을까
뼈와 살이 무너지는 고행의 길
아버지가 대신할 수 있을까
쉬엄쉬엄 돌아서 가자 부탁하면
공터에서 잠깐 아들의 얼굴
한 번 더 마주할 수 있을까

하늘 아래 어디메 네 이름
소리쳐 부르면 메아리라도
대답하듯 혹시 내게 돌아올끼
둥그런 얼굴로 웃음 지며
내게 고개 돌려 손 흔들어 줄까
가쁜 호흡 잠깐 숨 돌릴 수 있을까

〉
네가 선물한 시계 차고 눈감으면
꿈에라도 네가 보일까 약속했던 시간의
기로에서 지난날처럼 덥석 아버지 안아줄까
넓은 어깨 듬직한 손마디 붙잡고
내 아들이어서 고맙다고
못 다한 이야기 나눌 수 있을까

응답 없는 휴대폰 소리샘에 저장하면
네 귓전에 닿을 수 있을까 틈 내어
잠시라도 가던 길에 열어볼까
짤막한 답신이라도 혹여 보내줄까
네가 바꿔준 이어폰을 통해 작별의
마지막 인사말 한 마디 들을 수 있을까

오로라처럼 빛나던 네 모습
수년쯤 지나면 행여 달라질까
아끼던 직장에서 또래들 사이에서
부모와 가족의 가운데서
자랑스럽던 네 사진 모습 변색하듯
꽃이 시들듯 기억도 아픔도 결국
언젠가는 시나브로 수그러들까

매일 미사에 참여해서 기도하면 너의
깊은 놀람과 충격이 줄어들까
넘치는 하느님의 자비로 고통과
슬픔 너머 너에게도 안식이 찾아들까

하나님 자녀 되어 하늘나라에서
언젠가 다시 만날 수 있을까, 부디
네 상처 씻고 닦아 말끔하게 지운 뒤
천국에서 평화로이 함께 걸을 수 있을까

* 2024 05. 수서역 앞, 좌회전 차로에서 대기하던 한 승용차가 갑자기 5차로로 차로를 변경하면서 오토바이와의 충돌로 송강 시인의 아들이 출근길에 36세의 나이로 요절함.

황태 · 1

숲이 쥐 죽은 듯 동면에 들 때
나는 비로소 잠에서 깨어난다

가진 것 없는 알몸에
눈 속에 엎드려 숨을 고르고
덕장 사이로 얼었다 녹은 살점
깃발인 양 나부낀다

추억은 혹한에 뼛속까지 얼어붙고
못다 한 사랑도 살결이 터서
나무지게 발채 같은 허공에
꽃잎처럼 허물 띄우면

가시가 드러나는 신열身熱의 고통
이름도 넋도 높바람에 말라
시래기처럼 바싹 야윈 한 오라기 꿈에
남은 건 반짝이는 금빛 속살뿐

황태 · 2

불은 쇠를 강하게 하고
시련은 정신을 담금질 한다지만

살다보면 넘치면 안 되는 것
넘쳐도 좋은 것 따로 있는 법

감내할 수 없는 상심의 눈물
여울처럼 두 뺨으로 받아내면

살을 에는 추위와 댑바람에
어느덧 상고대 눈꽃 맺히고

아린 공간 너머 통증의
시간마저 부르트고 갈라질 즈음

덕장 황태처럼 기억과 감촉
한파 속 제 빛깔 짙어갈 터

석양 일기

아슴한 화선지 들녘에
땅거미 꽃순 틔울 적
한 종지씩 터뜨리는 먹빛 꽃잎
가장 가녀린 빛살 품고
어린 매화 꽃눈이 눈뜨듯
먼 산 능선 마을 담장마다 개화하는
어제와 또 다른 일몰의 시각

발목에 차꼬를 매단 수인처럼
분신 같은 그림자 종일 이끌다
머리에 쓴 금관 벗고 마침내
지쳐 누운 화려한 석양
강바닥 피라미 떼처럼 오글오글
물비늘 찰랑이며 헤엄치는 미리내
꼭 짜여진 무대 장막 뒤편에서
일순간 차려입은 어둠의 공연 의상

폭포 · 2

물안개
햇살에 자지러지듯
잠에서 깨어나렴
물살 시린 촉감에
손발 담그렴
단풍 물든 개울물
잘잘 여울지듯
귀엣말로 속삭이렴

숨 멈추고 화르르
날갯짓하는 물보라처럼
하늘에 몸 던져 보렴
바람에 기대어
가쁜 숨결 올올
허공에 뿌리렴
목마른 그리움 한 모금
아슴푸레 입술 축이렴

풍경 風磬

대웅전 추녀 끝
청어 네 마리
산마루 넘는
솔바람 한 필
산사山寺로 데려와
구름 흩어진
시월 하늘
허허롭다고
그리운 이름 같은
풍경 소리
한 잎 두 잎
허공에 그리네

UFO

아찔한 속도로
주야간 외계를 유영하는
행성과 위성 사이

빛처럼 바삐 살며
한 줄 안전띠조차 잊고 사는
지구별의 숱한 주민들

인연으로 다가서며 기꺼이
통성명하고 손잡기 전까지
우리는 한낱 허공을 도는 UFO

탈춤의 시간 · 1

내 스스로 지은 감옥
마법처럼 벗어나고자
한 뼘 탈을 쓴다
얼룩진 마음의 녹
온몸으로 닦아내고자
실룩실룩 어깨춤 춘다

맘속 온갖 시름
밤하늘에 흩뿌리며
시간을 밟고 나아간다
심지 세워 한 구석
현실을 사르고 쉰 목청으로
땅을 딛고 덩더꿍
크게 한판 법석거린다

탈춤은 나와 나
경계를 번지는 장단
얼굴 감춘 내밀한
꿈과 눈물 한마당

탈춤의 시간 · 2

탈을 쓰면
비로소 보이는 것
세상 저편에 가려있던
또 다른 나

공터 하늘가
띄우는 열기구처럼
그 어둠 타고 올라
허공을 다시 잇는다

마당 판 크게 돌면
닫힌 문 하나 열리고
신명 끝에 비로소
두 팔 벌려 마주 안는
그리운 나의 옛 얼굴

거미 · 1

내 영혼의 그늘 가
무관심의 서랍 속 혹은
일상의 현관 뒤켠에
이름 감추고 산다
벼랑을 타고 끈끈한
극세사 실을 던져
방사형 터를 꾸린다

주소도 모르는
신경세포 외진 동굴 어디쯤
가구 한 점 거울마저 없이
좁은 쪽문에 걸쇠 걸고
꿀맛 같은 게으름과
갈증을 돌돌 말아 빨며
마음 구석에 알을 슬어 놓는다
먼지 덮인 눈썹 아래 훅,
쥐색 그물 뿌린다

거미 · 2

풀잎 휘추리 엮은 허공에
별똥별 금 긋는 어느
지도에도 없는 영토
날실의 나지막한 높이에서
마음 눈금 추스른다

속치마 깃처럼 꽁무니 간질이는
명주바람 성긴 그물눈에
빗금으로 배어드는 투명 햇살
이슬방울 달린 덤불 사이로
꼬리 흔드는 돌개울

알집 속 새끼들 눈 뜨고
날벌레들 줄에 걸려 바둥대는데
아름아름 갈피 모르게
눈시울에 묻어나는 살색 그늘

실밥처럼 돌돌 말린 허기마저
오롯이 끊어낼 수 있다면
이승의 사다리 위
풋잠 꿈결 같은 하루

트로트 · 1

그대 앞에 그럴싸
꺾어 부르는 한 곡조
흥겹고 걸쭉한 감성으로
음정 쏙쏙 살리고자 하네
반주 타고 앉아 자막 길 따라
숨막히게 달려보고 싶네

애절한 노랫말처럼
보내고 매달리는 우리네 세월
구성진 색소폰 가락에 얹어
절여진 몇 줄 눈물의 가사
고음 스피커에 먹먹한 고막
목쉬어도 밤 깊도록 뽑아내고 싶네

트로트 · 2

네가 뽑아 지르면 뽕짝
내가 부르면 트로트

함께 어울리는데
이만한 마당 또 없네

삑사리 엇나간 박자에도
흥 한 자락 붙잡고서

까먹은 가사도 흥얼흥얼
듀엣으로 함께 살려내고

일방통행 외길 인생
휘청거리며 건너뛰고 싶네

제3부
시소의 자유

「아침을 위한 로그아웃」 20호 Acrylic on canvas 송강 作

거울 뎐傳

나는 포로다
그녀에게 날마다 붙잡혀 산다

거울 보며 빗질에 옷매무시 살피다 말고
내가 거울 앞에 스스로 다가선 것이 아니라
어쩜 연인처럼 거울이 텔레파시로 불러 나도 모르게
그녀에게 다가갔다는 공상에 젖는다

집에서 사무실에서 백화점 쇼핑몰에서 또 화장실에서
어느 틈에 나는 거울 앞으로 불려가 선다 나를 부르
는 간수도 벨 소리도 없건만 수인복 입은 모범수처럼
자발적으로 포섭되어 끌려간다 주야 불문 장소 불문
계절 불문 그녀가 나를 호출하면 5분 대기조처럼 군
말 없이 달려가 아득한 세이렌의 노래에 넋이 홀리듯
수시로 벌어지는 황홀한 감금을 예감하며 그녀 곁에
공손히 자세 갖추고 마주 선다

언제든 그녀의 낌새를 기다리다
방에선 침대와 의자 하나 곁에 끌어다 놓고
화장실에선 조석으로 백색 세면대 주위에서
수갑이나 포승줄도 없이 제 발로
투명한 창살의 감옥, 꿈같은 그녀의
품속으로 성큼 오늘도 들어선다

반딧불이

풀잎 끝에 매달린
형광 신호등

잠 못 드는 마을 한켠
시인의 들창

생존신호 타전하는
가녀린 등불마냥

은하수 지구 별
불시착 우주선

졸음 털며 깨어난
야간 당직병

갯벌

휑한 허기와
갈매기 울음 남겨놓고
빠져나간 오후
거뭇한 바닷가
구름의 두 볼이 붉다
물결 자국처럼 가슴에 앉은
헝클어진 기억
웅덩이마다 비치는
간간한 눈물
속살 깊숙이 파인
땀샘 같은 구멍을 타고
썰물 때만 되면
농게 말똥게 이내 기어 나와
뜨악한 집게발로 불거진
추억 꽈악 깨문다

시소의 자유

재물과 명예
매양 동어 반복하듯

휘둘리던 사심 따위
이젠 잊고 살기

삐걱거리는 통증
근심도 덜어 내고

호된 눈물 배인
혈관 박동의 끝자락

들숨과 날숨 높낮이에
나의 살림 띄워 올리기

참새의 식탁

채 먼동이 트지 않은
새벽 미명 속에서
누구신가
야단스레 상 차리는 이웃
연두와 유록빛
햇잎사귀 무성한
은행나무 애채 위
주거니 받거니 흥에 겨운
새소리 신접살림

단칸방 둥지
팔각 소반 하나 없이
솔로와 듀엣으로 차리는
자작곡 날것 식탁
코앞 창밖에서
때마다 귓전으로 번져오는
칠첩반상 상차림보다
귓맛 당기는 가락

참새의 언어

창문 밖
풀숲에서 삼삼오오
읊조리는 새소리

희로애락
모두 담긴
심장 쪼는 목청

오선지의 음표처럼
가사일까 춤일까
오롯하여라 삶의 흥취

세상의 책장

차갑고 어둑한 다락방
마음 구석 반닫이 속에서
오래도록 임자 기다린
녹슨 자물쇠 꾸러미처럼

머나먼 이국땅으로
혹은 심해 바다 속으로
난파된 해적선을 뒤쫓듯
줄곧 헤매 다녔으나
여태 붙잡아 올리지 못한 것

머릿속 지도를 쥐고서
오늘도 배낭 하나 짊어지고
세상의 책장과 갈피에서
타향살이하듯 노독路毒을 깨무네

관심법

시동 소리만 들어도
자동차 고장난 곳
알아채는 정비기사님

환자 얼굴만 훑어봐도
아픈 곳 알아맞히는
의사 선생님

먼 발자국 소리만으로
꼬리 돌리며
주인 반기는 반려견

눈빛만 봐도 대번에
용돈 필요한 줄 아는
울엄마

약비

남산 턱 밑에서 땅끝 발목까지
모시 두어 겹 두른 황사를 좇아

갈라진 저수지 등짝으로
숲의 쇄골 아래로

담뱃잎 토란잎 어르랴
흙밭 가슴에 안기랴

불면으로 탄 입술
그녀 속눈썹 위에 약비 내리다

꽃병

해쓱한 카라 꽃송이
옷섶 그늘에서 시드네

내 가슴은 그대의 꽃병
마른 향기 엉기어 가라앉는데

꽃대처럼 숨찬 감동 한 줄기
목덜미까지 어여 차오르게

그대 흠뻑 적셔 줄 설렘으로 이 밤,
꽃병은 홀로 잠 못 이루네

달력

모퉁이가 닳아서
슬금슬금 구겨지다가
그믐날 통째로
뜯겨져 나간 마지막 밤

전해주네 때마다
너덜너덜 낡고 빛바랜
시간을 덮은 함박눈 위
새벽 발자국 같은 설렘

갈 길 몰라 망설이던 어스름이
먼동으로 다시 태어나는
붉은 빛깔 아침
열두 장, 시간의 설빔을

충전 중

일거리 마친 청소기가
졸린 눈 깜빡이며
꿈꾸듯 충전 중이다
그늘지고 후미진 방구석에서
면벽하고 돌아앉은 모습
다르랑다르랑 코 고는 소리
왠지 낯설지 않다

일당도 최저시급도 없이 사명감 하나로
열일할 때가 짱이다
비번 날이 언제였던가
불평도 시위도 나 몰라라
야광 띠 몸에 감은
여기 혈혈단신 일꾼 한 분
짬짬이 수행 정진 중이다

시간의 모서리

속눈썹 틈 일렁이던 졸음이
새벽 어스름에 떠밀려가는

계곡 얼음이 발목 아래서
투명 물방울로 건너뛰는

씩씩대는 땅벌레처럼 두 팔로
쪽파 새순이 흙을 뒤엎는

흰나비 유충이 꽃눈에 기대어
연초록 햇살 허물 갈아입는

굴뚝새 재재거리며
일찌감치 하루 일감 펼쳐놓는

유리알처럼 부푼 도라지 봉오리
다섯 조각 빛으로 깨어지는

깨알 같은 물방울들 허공을 기어올라
무지개 걸개그림 내다거는

거북목

자나 깨나 허구헌 날
지구가 당기는 중력보다
더 센 이끌림으로
지표 향해 목덜미 끌어당기는
반짝반짝 별천지
손 안의 스마트폰

별똥별 틈새를 비행하듯
횡단보도 건너 인파 사이로
부딪칠 듯 말 듯 아슬아슬
넋이 빠진 대낮의 좀비처럼
한 걸음 두 걸음 신종 거북들
정보의 바다를 떠다닌다

기차는 떠나가네

오늘밤 나는 하루를
막차에 실어 보내네
필름 같은 객차 창에
칸칸이 엷은 등불 켜지고
창가에 비치는 몇몇 얼굴
가방 속엔 한 뭉치 어둠을 싣고서
열차는 덜커덩 바퀴를 굴리네

아무 팻말도 없는 접경지대
망각과 회상의 간이역
액자 모양 뿌연 터널을 지나며
몇 장의 사진이 망막 저편 걸리네
물레방아 소리 흘리며 돌아가는 영사기
쏟아지는 스크린 화면처럼
밤의 들녘을 가르고 가네

지붕 위 촉촉한 별빛
한 량 한 량 앨범 줄지어 엮은
그을린 나의 기차는
고단한 기억을 한 짐 부려놓고
아슴한 꿈의 저편을 감아
선로도 없이 흔들거리며 가네

꼬리

길목 숯불구이집 마당엔
해탈이란 이름 가진 대형견
리트리버가 오늘도 꼬리 흔든다
뼈다귀 던져 주거나
손님이 다가오기만 해도
좋아라 끙끙거리며
뱅뱅 꼬리 돌리는 일 주특기다
낯선 이에게 마구 짖는 개는
어느덧 구세대가 되어 버렸나
숱 많은 그 꼬리 슬며시 탐난다

목을 조이는 짧은 줄에 갇힌 날들
낡은 개밥그릇 속 한 끼 잔반에도
일절 괘념치 않고
말투 인상착의에 무던하게
호들갑스레 반겨주는 덕성
도가 튼 듯 살랑살랑 쓸며
언 마음 한 겹 녹여주고
수심과 분노 한순간에 무너뜨리는
내 손보다 따스한 꼬리 하나

트루먼 쇼

  크레인 줄에 매달린 태양이 동선 따라 떠오르며 천장 아래 조명 밝힌다

  참새 두 마리 마당으로 내려와 모이 쪼는 시늉하다 포르르 날아간다 전깃줄에 앉은 까치도 까악까악 대사 뱉고는 가로수 뒤편으로 숨는다

  출근하는 남자가 골목을 지나 객석으로 돌아 내려간다 발코니 불을 켠 여자는 지문에 따라 빨래 걷은 뒤 어둠 속으로 퇴근한다

  대관람차에 오르내리듯 창밖 이웃들 저마다 각본 속 배역에 푹 빠져들고

모기 연대기

저의 사랑은 아이러니
혹독한 대접에 종종 줄행랑도 놓지만
그것마저 끈적한 가문의 내력
땀 내음 향그러운 살가죽 밑
숨 막히는 의식의 시간
질펀한 흡혈의 습관 속
파르르 떨리는 더듬이
그대 찾아나서는 노정은 흡사
전쟁터와 다름 아니죠
정복의 순간 감격에 겨워
정으로 비각을 새기는 제왕들과 달리
가느다란 주둥이로 남기는 저의 내력은
송구하게도 붉은 반점
아득한 쥐라기 공룡이나 열사의 낙타
사기史記 속 성현에 이르기까지
어느 누구 예외가 없죠
끊을 수 없는 중독에 쓸모가
없는 듯 있는 듯 새리새리
대대로 물려받은 어둠의 실세
도처에 둥지를 튼 실존

숲속의 발걸음

숲길 홀로 걷다보면
뒤따라오는 발걸음 있다
뒤돌아볼 때마다 아무도 없는데
여전히 맴도는 기척
숨바꼭질하듯 꽁꽁 숨어있는 것들

두리번거리는 동그란 눈길
죽순 올라오듯 자라는 호기심
그때 어깨로 톡 떨어지는
오디 한 알, 발아래 나타난
환한 얼굴 큰꽃으아리

온 산 가득 살아 숨쉬며
이슬에 반짝이는 수목의 장신구들
아이처럼 깔깔대는 풀꽃의 웃음
구석구석 제 몸 꾸미며 숲은
여름날 스스로 쑥쑥 영근다

횡단보도

차가운 아스팔트 한길 위
작은 확신도 없이 반복되는
바쁜 발걸음이 교차하는 곳
쉼표도 마침표도 아닌, 삶의 축소판처럼
차례차례 신호등 불빛이 켜진다

빨간 불, 저마다의 행보가
멈추고 서성거리는 인도 끝
시선을 피해 서로의 이야기를 감싸안고
굴속 곰처럼 숨을 가다듬는다

노란 불, 두리번거리는 눈초리
터널 밖 미래를 향해 가만가만
발을 구르며 땅속의 뿌리처럼
한순간 발끝을 들어올린다

파란 불, 봄볕 같은 길이 열린다
멀리서 다가오는 소음에 섞여
허공 속으로 서둘러 달려간다
나름의 목소리와 외침이 하나둘
빌딩 숲 유리창에 부딪혀 흩어진다

제4부
반 고흐에게

「반 고흐의 귀환」 50호 Acrylic on canvas 송강 作

시간의 잔등

내 마음 가장자리엔
하늘이 낮게 드리워져 있습니다
하루하루 땀내 얼룩진
대낮에는 구름 쉬다 가고
어느 틈에 뛰쳐나온 별과 달
해 지면 도르르 구르고
노을 붉은 막 펼칠 때마다
무대 출연진 바뀌는 곳

내 마음 귀퉁이엔
해변이 맞닿아 있습니다
갯벌 머드팩 즐기는 게와 햇살
밀려오는 모래 거품이
시간의 잔등 긁어주는 곳
불빛 산만한 마음 속 한복판 보다
잔바람 뒹구는 하루의 뒤켠에
내 눈길 내내 기웃거립니다

로즈마리

아파트 외벽
틈 메꿈 공사 중
창가마다 불어난 잔금

오이 팩 하고 누워 계신 어머니
얼굴 주름에 핀 로즈마리
향내 그득한 이파리들

냇물은 · 1

스스로 투명하며
제 맘대로 흘러가니
그대는 바람인가

발길 닿는 곳
인연 따라 옮겨 가는
그대는 나그네인가

늘상 제 몸 닦으며
낮은 곳 찾아 드는 그대는
맨몸의 수행자인가

가장 낮은 마음이
가장 넓은 사랑
냇물은 이미 자유의 바다다

냇물은 · 2

가는 발길 따라
가만가만 시선 옮긴다
길을 막는 바위에게
한 마디 불평하지 않는다

돌아갈 줄 모르고
옳다고 싸우지 않는다
낮은 숨 고르며
온전히 깨어있다

고불고불 변하기 마련이며
모였다 흩어져가는 세상사
스스로를 앞세우지 않고
무엇이든 피해간다

어제에 낙심하지 않고
태초의 가락 그대로 춤춘다
어떤 작별에도 아파하지 않고
졸졸졸 오늘을 받든다

반 고흐에게

너의 귀는
네 열정의 아린 증표
비록 잘리어
붕대에 감겨 있으나
이제 다시 출발점이다

너의 망막은 해바라기
꽃잎 뒹구는 만화경
화실과 병상
현실과 몽상의 틈새에서
눈이 부셔 휘청거리며
자개 빛깔 미궁을 헤맨다

손에 쥔 총구처럼 너의
거친 붓에서 번지는 화약 내음
별이 빛나는 밤과
입술 악문 자화상의 숨결처럼
쏟아지는 붓 끝의 분노에
겹겹이 이글거리는 화폭의 마티에르

캔버스 위로 그만 쓰러졌지만
와인레드 칼라 오일

오베르 밀밭에 흩뿌린
네 영혼의 붉은 피는
혼신의 마지막 붓질
시대를 앞지른 눈부신 독백

모딜리아니

모딜리아니
너의 그림은 젖어있다
주황과 붉은 색이 섞인 초콜릿 피부에
아침햇살 비껴드는 창가에서 마시는
진한 원두 향내를 뿜으며
고개를 반쯤 기울인 채
커다란 흰자위 눈가에 눈물이 고여
목이 긴 너의 여자는 창백한 예감에 젖어있다

모딜리아니
너의 여자에게는 물이 흐른다
시작 모를 샘가에서 졸졸거리는 물줄기는
작은 구릉과 계곡을 타고 돌며
팔과 다리의 가느다란 굴곡을 그리며
회귀하는 연어가 뛰는 사행천
스치는 물결 여운처럼
구불구불 낮게 흘러내린다

모딜리아니
너의 여자 잔느는 내 시선을 부른다
그냥 못 본 체 지나치지 말라고
바람의 커튼이 날리는 숲가의 누각

내가 여기에서 기다린다고
죽어서도 너의 모델이 되어 달라고
가녀린 팔을 넝쿨손처럼 뻗어
살랑살랑 내 소매를 당기고
옆구리를 타고 올라 목을 조이고
숨이 멎을 듯 간지럽게 다가와
기어이 내 두 눈과 귀 마저
하얗게 돌돌 묶는다

마크 로스코

초대형 캔버스에 납작붓으로
적색과 주황, 보라색 물감 발라놓고
색상의 정글을 거닐듯
캔버스 앞 45센티쯤에서 작품 속으로
빠져 들기를 바라는 남자

작업의 날실과 씨실 들춰보듯
코앞까지 다가가서
그의 숭고미와는 결이 다른
비린내 섞인 내 모순
나 스스로 살피다 보면

그라데이션 색감처럼
구상도 추상도 극사실도 아닌
경계 모호하게 뒤엉킨 부스 세상
그와 나를 넘나드는 붓질의
마지막 낱말은 어디쯤 숨어 있을까

작은 간증

도맛소리
사골국 끓는 소리
프라이팬 지글거리는 소리는
주방의 합창입니다
한 그릇 따스운 고봉밥에
물김치 생선조림 별별 나물 어울린
한 끼 밥상은 반짝이는 당신의 기도입니다

한껏 베풀어 주시고 남겨진
주름진 손마디
배롱나무 닮은 몸집은
마지막 버팀목이요
가슴속 음각으로 새겨져 아린
기억은 눈부신 구원입니다

길조심하거라
가녀린 한 마디 말씀조차
방죽 같은 나의 방패입니다
쓰시던 소품마다 손때가 묻어
어머니 머물던 거처는 마침내
가슴 저린 영원한 성지입니다

비행기의 꿈

비행기에서 시를 쓴다
눈감고 꿈을 꾼다
시속 800킬로미터 엔진에 실려
나의 꿈이 난다 나의 시도
캄캄한 허공을 떠오른다
비행기 두 배 빠르기로 지구는 팽그르르
돈다 까마득하게 태양계를 비행한다
개미만큼 작은 나의 꿈도 그 위에 올라앉아
자전하고 나의 시도 관성처럼 공전한다
비록 저가항공 낱알 같은 화물들과
승객 틈에 섞여 승선했지만 고소공포 속
나의 꿈은 급기야 아슬아슬 천체망원경 밖
은하계를 건넌다 견우와 직녀가
포옹하는 어둠 한편에서 피고 지며
수만 가지 때깔의 별들도 만난다
바쁘게 스쳐가는 혜성과도 잠깐 악수 나눈다
우연히 별똥 같은 사랑도 태운다
종일토록 팽팽한 원심력의 끝자락에 떠있다
긴장과 소름 사이 UFO인 양 당겨져 있다
박쥐처럼 매달리고 줄 위의 팽이처럼
기우뚱댄다 최고 속도 빛살그늘에서 휘청거린다
잠 못 들어 뒤척이며 너에게 빠져드는 블랙홀 같은
우주의 유영을 꿈꾼다 나의 시는

작약

춤춘다
짙은 향내 흩뜨리며
얼기설기 추켜올린
허공의 치맛자락
배배 꼬인 등나무 그늘 앞
기우뚱한 빛살 무대
맥문동 달개비 비비추 원추리
흥에 겨워 들썩거리고
넋 나간 사내처럼 슬며시
스치다 걸터앉은 바람
이파리 흔들어 갈채 보낸다
강약 장단에 가쁜 숨결
플라멩코 탱고 캉캉 부채춤
온종일 식순 끊이지 않는
꽃단장 무희들의 한 마당
오뉴월 꽃밭

꽃반지 · 1

단 한 번
손가락에 끼우면
손등으로 환히
청사초롱 불 켜지고
풀꽃 반지가 보석으로 변신하는

더듬더듬
그럴싸한 주문 읊거나
요술 막대 돌릴 필요도 없이
요정의 날개처럼 나풀거리는
오색 마법의 서막

꽃반지 · 2

가녀린 손가락에
꽃잎 반지 묶어주며

서로가 덧칠하는
둘만의 세상

작은 풀꽃 하나가
윤슬 같은 이파리 되고
아름드리 줄기로 자라는

눈물 끝
초록빛 그리움의 시작

천문허브공원*에서

허브공원의 밤
곁을 맴도는 허브 향기에
가물가물 후각만이 환하다

어렴풋한 때깔과 실루엣에
향내와 독대하는 시간
코끝에서 비강으로 라벤더 향취가
물이랑처럼 너울거린다

내 뒤의 풍경엔 미상불
어떤 향과 여운이 남을까
마음을 적시는 가득한 방향芳香
바람 타고 허공으로 흩어지는데

* 서울시 강동구 둔촌동 일자산 자락의 허브공원

소주 한 잔

투명 잔에 담긴
분량 비록 소소하고

사르르 소주 한 잔
홀짝이는 시간 잠깐이고

혀에 감기는 미각마저
감미롭기보단 씁쌀하다지만

낯빛에 찰랑이는 취기
석양보다 거나하고

함께 어울려 빚은 시간
뒷산 만월처럼 아렴풋하고

마주치는 울림은
가람의 종소리만큼
가슴 우렁우렁 넘치지 아니한가

소한小寒 엽서

정초의 소한 눈발이
문 틈새로 끼워놓는 엽서 한 장

크리스마스 이미지처럼 아득히
설경의 초대가 접수되고

꿈결 따라 나의 답신이
뽀드득거리며 새벽 밤길을 걸어

창가 성애의 소리 없는 붓질처럼
한 컷의 아침 화폭으로 당도하길

왕십리역에서

지하철 2호선 5호선, 분당선에 국철
베트콩 땅굴처럼 노선 뒤섞인 역내

열차 환승 처음인 촌뜨기처럼
표지판 졸졸 뒤쫓다 연실 끊기듯 길을 놓쳤다

총총히 스쳐가는 승객들 곁으로
정지화면처럼 오도카니 홀로 멈춰 선다는 것

'가도 가도 왕십리'*
흔들리는 눈가에 재생되는 한 컷의 데자뷰

실타래처럼 내 발길과 시선
얼기설기 식은땀에 헝클어진 오후

* 김소월의 시, '왕십리'의 한 구절

하루의 인상印象

1.
별들이 눈 뜨는 저녁과
새들이 깨어나 재잘대는 새벽이
안개처럼 마을을 드나든다
동이 트는 아침마다
산비탈 외길로 햇살이 넘어와
우듬지 홍시에 군침 흘리며 머뭇거리다
밤톨 톡톡 까며 과수원 일손을 돕는다
구름은 비를 뿌려 산허리 씻긴 뒤
마른 강줄기 배를 불리고
미루나무 그림자는 수채화 붓을 들어
다릿돌 건너 뚝방 길섶에
한 획 두 획 감색 물감 덧칠한다
수숫대 이삭에 어스름 번지면
산마루에 몇 채 놀구름 걸어놓고
해는 능선 길을 뉘엿뉘엿 뒷걸음한다

2.
산골짜기 서늘한 원두막을 찾은 해는
밤벌레들 울어대는 한밤중 내내
코를 골며 깊은 어둠을 꿈꾸고
개암나무 공터를 서성이던 별들도

오리새끼처럼 개울물에 뛰어든다
시간은 태연스레 밤의 타래를 감았다
풀어내어 짧은 휴식을 준 뒤
바지런한 햇살로 대문 두드려
농부의 새벽 단잠을 깨운다
숲은 분주히 어린 생명들을 키워내고
자잘한 잎새를 엮어 큰 그늘을 친다
물 한 방울 입에 물고 울던 종다리
하늘창 닦으며 둥지로 날아가고
솔수펑이 나무초리엔 나른한
별자리들 돌아가며 잔등 기댄다

이사를 하며

이사를 하며 나는 몇 번을 놀랐다
저 많은 이삿짐들이 어디서 튀어나왔을까
가끔은 진귀한 골동품 찾아낸 듯 신기해하며
슬그머니 만지작거리며 문득 웃음 흘렸다
바닥을 긁던 밥솥처럼
오랫동안 정들었던 살림이 있는가하면
한 번도 못쓰고 묵혀 둔 낚시용품까지
한 때는 모두 애지중지 아꼈던 것들
없으면 못살 것 같던 마음들이
창고와 벽장 틈에서 마술 상자처럼 쏟아져
사다리에 실려 트럭으로 옮겨 타고 있었다

어떤 물건은 이산가족 만난 듯 반가워도 하고
때로 가구 뒤편에서 빛바랜 책 묶음이
아직 살아있다고 외마디소리를 지르기도 했다
두꺼운 먼지를 뒤집어쓴 채 잠들어 있다가
손대면 다시 눈을 깜빡이는 추억처럼
소싯적 핏대 세우며 굽히지 않거나
청춘만큼 절절했던 모나고 날 선 신조까지
이제 진정 송두리째 내려놓거나
내 몸으로부터 멀찌감치 작별해야할
헐고 묵은 짐, 버려질 이삿짐이 되어버려
나는 세간 사이에서 남몰래 콧마루가 시큰해졌다

숨은 신神
– 미카엘의 안식을 기원하며

1.
　하얀 새 한 마리 앉았다 날아간 둥지에는 떠오르는 햇살에 더욱 눈부신 깃털의 여운, 시대를 관통하며 유년의 바다를 건너온 저 대천사의 호쾌한 등장 혹은 가족사의 애틋한 꿈처럼

2.
　땀에 젖은 배낭을 메고 시간의 골짝을 건널 때 맨살로 반기며 감싸주는 넉넉한 자식의 품, 그 넓은 가슴 깊이 망연한 듯 엄마는 한낮이 지나도록 다시 떠오를 줄 모르고, 하늘가엔 아장아장 뛰어노는 아기구름과 그 곁을 스쳐가는 거센 바람, 이어지는 찬송과 기도 그리고 바이블의 거룩한 문구들

3.
　편편의 아픔이 갓길의 외등 아래, 부부의 엷은 눈시울에 삽시간에 내려서 솜눈처럼 쌓이는데, 마네킹의 검은 눈빛처럼 반짝이는데, 봄날의 터질듯한 색감이 출근길 가로수 사이로 질러가는데, 질긴 인연의 검은 음모가 미지의 추리극처럼 부서져 날리는데, 눈물겨운 비극의 서막이 불현듯 오르는데

4.

  새벽 혹은 순례와 애도 사이.

어둠이 다 지나도록 안식의 빛을 찾는 사람들, 꼭 쥔 손마디 추억을 더듬으며 뼛속에 스민 작별의 아픔을 털고 있다. 용서와 자비, 구원을 위한 여물도록 다문 입술. 최후의 만찬과 부활 이후 성체 성혈 속에 숨어 살아계신 신(神)께 드리는 새벽 미사 의식의 떨리는 기도인 양

■ 내 시집을 말한다

송강 송태한 시집 『우레를 찾다』
―계간 『시와 표현』 2020 봄호

송강 송태한

 시집 한 권, 80편의 시, 대략 천 일의 낮과 밤, 계속된 시마의 유혹과 불면을 감내하며 진통 끝에 나름의 스토리를 안고 태어난 시편 묶음에 대하여 간략히 피력하는 일이 어찌 손쉬운 행위일 수 있으랴. 그럼에도 불구하고 시집의 책갈피 틈으로 난 험한 계곡 길을 따라 탐방로도 없는 길을 무작정 떠나보기로 했다. 산기슭 초입에서 멀찌감치 잠작했던 정상의 풍광이 당연히 내 맘같이 쉬이 그 길을 열어주지는 않을 터, 한 고비 넘기며 가쁜 숨을 몰아쉰다 하여도 초행 산객에게 저만치 가물가물 손에 잡히지 않을 갈래길이 이미 어렵지 않게 예상되는 바이지만.

 일찍이 "모든 철학이 죽었다"고 선언했던 20세기 유럽의 천재 철학자 루드비히 비트켄슈타인의 말처럼 21세기를 살아가는 우리들은 인터넷과 SNS, 크고 작은 미디어의 홍수에 사고가 함락되어 개개인의 생각 자체가 오롯이 숨 쉬고 살아남기 더욱 어려운 시대에 이르렀다. 그리하여 동시대인으로부터 아무런 호응이나 교감의 반응이 없을 지라도 어쩌면 문인을 비롯한 예술인들은 "아무튼 나는 말했고, 나의 영혼은 구원받았다"고 말한 마르크스의 풍문과 발자국을 좇는 고독한 순례자일지도 모른다. 독자의 눈앞에 모스 부호처럼 해독하기 쉽지 않은 글을 툭툭 생산하는 시인의 경우는 어쩌면 그 중에서도 더욱 자족적인 작품 활동에 그치는 경우도 없지 않다고 여겨진다.

격랑처럼 밀려오는 정보의 망망대해 속에서 혼잡한 군중 속의 고독을 격하게 앓고 있는 시인들의 작업은 어쩌면 가까운 이웃들보다는 눈앞에 보이지 않는 불특정 독자를 향해서 어느 날 백사장에 밀려온 자신의 작품을 발견하여 읽어주길 바라며 "병 속의 편지"를 띄워 보내거나 혹은 환경오염과 온갖 공포로 인하여 자정으로 치닫는 지구 종말시간을 눈앞에 두고 구조신호를 시의 형식을 빌려 타전하고 있는 행위가 아닌가 생각된다. 다음 작품엔 그러한 흔적이 물에 젖은 채로 축축하게 담겨있다.

보도블록
아스팔트길 종일토록 밟다
불빛 토하며 도열한
거리의 상점과 마천루
틈새에서 오락가락 두리번거리다
가는 곳마다 발길 병목 현상
인파와 소음의 접촉사고
유리벽에 부딪쳐 깨어진 길바닥 햇살
미세먼지 신음 껴안고
줄지어 기우는 가로수 그림자
일렁이는 비단보
일몰마다 펼치고 싸매는
노을빛 저으며
휘청거리는 길목 손끝에 받아 쥔
한 뼘 광고지만 한 하루여

지하철 노선
횡단보도 건너뛰며
시내를 왕복하다
역과 역, 정류장마다
비뚤배뚤 줄선 개미들
때마다 스치는 환승 통로
가녀린 출구 끝자락에 기대어
숨 돌리는 저물녘
호주머니 속 카톡 알림소리
출항을 재촉하는 퇴근길은
도시의 부둣가인가
스마트폰 멀미 추스르며
출렁이는 시멘트 갑판 위

수신자 불명으로 타전하는
　　잡힐 듯 말 듯 유리병 속
　　하루의 SOS

　　　　　　　　　　　－「서울 SOS」전문

　　어떤 이는 "시집은 시인의 집이며, 한 편 한 편의 시는 그 집의 툇마루요 구들 서까래 기왓장 등"이라고 말하였지만 나의 경우 시집은 개인의 통역 수첩이라 생각한다. 오래전 유대계 오스트리아인 지그문트 프로이트는 인간의 마음속에는 스스로 인식하지 못하는 무의식의 영역이 존재한다고 하며 자신의 정신 분석 이론을 담은 『꿈의 해석』 저서를 출간했던 바, 나는 시인의 시집이란 사람살이와 사물에 대한 시인의 사적인 번역이요 해석집이라고 여긴다. 그간 만났던 말 못하는 사물과 동물들 그리고 스쳐가는 세월과 바람의 언어를 혼자 받아 적어 통역하고 번역해 주는 사람이 시인이 아닌가 한다. 아래의 「잠의 해석」은 그처럼 '해석'이란 용어를 시의 제목으로 차용한 작품 중 하나이다.

　　차렵이불 들추니
　　한 평 반 조각구름
　　밀랍처럼 녹아드는 곤한 하루
　　비좁은 눈꺼풀 차양 아래

촘촘히 모여든 졸음
정박한 어둠 타고
속옷 차림으로 출항하는
긴박한 여정
코앞 휘황한 세상
허둥지둥 하루살이
저만치 버려두고
땅과 하늘 굽이 질러
좌충우돌 돈키호테처럼
장난감 상자처럼 뒤죽박죽
내가 아닌 나와 더불어 떠나는
겁 없는 하룻밤

－「잠의 해석」 전문

시집 서두의 '시인의 말'에서 나는 민망한 개인사의 한 시기를 다음과 같이 빙산의 일각처럼 수줍게 내비쳤다

오랫동안
헬멧과 두꺼운 우주복을 걸친 채
낯선 세상을 둥둥 떠다녔다

여기 옮긴 시편은
잊었던 시간으로의 회귀이다
뒤늦은 내성과 자구 속
돌아오는 에움길 위
배낭 속 얼룩진 꿈이다

지나간 7080 시절 유신 독재와 광주민주화운동으로 이어지는 시대의 격랑 속에서 오랜 기간 세상 가장자리로 맴돌고 떠돌기를 계속했다. 인생이 무엇인지 채 알아가기도 전에 달콤한 인생을 맛보기도 전에 그리하여 삶의 작은 목표를 세우는 길목에서 그만 비관의 음습한 세계관에 남몰래 두 발이 빠져들고 말았다. 군사 독재와 이어진 어지러운 시국을 거치며 어느 틈에 자리한 사고방식은 나를 외톨이로 만들고 최루탄의 매운 눈물보다 아린 가슴을 누르며 홀로 외길을 걷는 습관에 물들게 되었다. 졸작「미로에 갇히다」는 우회하거나 돌아가라는 표지판 하나 없이 거미줄만 가득했던 낯선 숲속을 맨몸으로 홀로 싸다녔던 시간의 길었지만 짧은 기록이다.

미로는 나의 하루
주위엔 키 작은 울타리 밤새 초롱꽃 지키는 창문도 있다
길은 몽롱한 표정으로 눈을 뜨고 드문드문 우표딱지 같은 꽃이 핀다

(중략)

미로는 시작이며 끝, 낯선 길목 앞 오늘도
약도 한 장 손에 쥐고 묻는 출구라는 이름의 풍문
길은 항시 구름처럼 얼굴을 바꾸고
외길 하나 능선에 걸쳐있건만
철새 둥지처럼 배낭은 텅 비었다
서녘 어스름이 숨을 고르며 땅거미 자박자박 다가오는데

이정표 흔들리는 일방통행, 먼지 쌓인 외등이 졸고 있다

　미로엔 시간이 없다
　모퉁이마다 얼굴 내미는 현재만이 고드름처럼 뚝뚝 녹아내릴 뿐
　삐걱거리며 문이 열리거나 혹은 닫힐 때마다 내뱉는 안도와 낭패
　등줄기엔 마른땀이 돋는다
　가위 눌린 꿈결에 미풍처럼 흘러드는 노래 한 소절
　노을의 심장, 해가 걸리고
　아리아드네의 실타래 감겨있는 아득한 바늘구멍 출구
　미로 끝 한 줌 빛살처럼
　　　　　　　　　　　－「미로에 갇히다」부분

구름 모퉁이 뒤에서
목 고르는 소리만 들어도
당신이 날 부른다는 것
이내 예감하죠
층층 바람길 허공을 가로질러
구름 계단 성큼 밟으며
수백 리 외진 땅 언저리에서
당신이 날 찾아 헤맬 때
남몰래 심장은 쿵쾅거리죠
온몸 흠뻑 젖도록 감동 주고
머리칼부터 발끝까지 저리도록
불현듯 다가와 감전시킬
전율 같은 당신의 손끝
등줄기에 각인된 어둠 속 사랑

아무도 우릴 못 알아봐도
꿈꾸듯 목덜미 어루만지며
빗줄기가 잠을 깨우면
굴뚝 위 곧추앉은 피뢰침처럼
까치발 딛고 어둠 속으로
불 켜고 다가올 당신을 어느덧
내가 되찾고 있죠

-「우레를 찾다」 전문

   시집의 표제작인 위의 시와 관련된 해설(아름다운 간격, 빛과 어둠으로 버무린 이중적 담론)에서 마경덕 시인은 '사랑은 주체할 수 없는 감정의 에너지이다. 머리칼부터 발끝까지 저리도록 불현듯 다가와 "감전시킬 전율 같은" 사랑이다. 하여 불 켜고 다가올 당신을 찾고 있다. 비록 뜨거운 사랑이 식어갈 지라도 사랑은 "죽을힘"으로 다시 사는 것이다. 이렇듯 상상을 추출하고 재배치하는 실험은 그것 자체로 소중한 몫을 지닌다.'라고 말했다. 「우레를 찾다」는 하루하루 피부를 적시며 휘돌아 흘러가는 미로 같은 시간의 노정에서 노심초사 어렴풋한 길을 헤매며 작가적 영감을 찾아 나아가는 시인의 운명 내지는 각성을 우레 같이 찾아오는 사랑의 감정에 기대어 넌지시 은유하고 그려보고 싶었다.

별처럼 눕다

초판 인쇄   2024년 10월 23일
초판 발행   2024년 10월 28일

지은이 송강 송태한
발행인 임수홍
편 집 맹신형

발행처 한국문학신문
주 소 서울 강동구 양재대로 114길 32 2층
전 화 02-476-2757~8   FAX 02-475-2759
카 페 http://cafe.daum.net/lsh19577
E-mail kbmh11@hanmail.net

값   13,000원

ISBN   979-11-90703-88-8

· 저자와의 협약에 의해 인지는 생략합니다.
· 이 시집의 글은 저작권법에 따라 보호를 받는 저작물이므로 저자와 출판사의 동의 없이는 무단 전재 및 무단 복제를 금합니다.

· 잘못된 책은 바꾸어드립니다.